Luis Marcelo Pérez

Estado natural

Naked Poetry

Translated by:
Katherine Quittner

*Para Jamie)
en la felicidad
de conocerte y
compartir este
encuentro*

*Luis M. Pérez
Quito J.F 18*

artepoética
press

Colección
Rambla de Mar

Nueva York, 2017

Title: Estado Natural / Naked Poetry
ISBN-10: 1-940075-56-4
ISBN-13: 978-1-940075-56-3

Design: © Artepoética Press
Cover: © Jhon Aguasaco
Editor in chief: Carlos Aguasaco
E-mail: carlos@artepoetica.com
Mail: 38-38 215 Place, Bayside, NY 11361, USA.

Luis Marcelo Pérez

Estado natural

Naked Poetry

**Colección
Rambla de Mar**

Contenido / Content

PALABRAS

/

LETTERS

1

Un bosque de palabras
quiero ser, por un instante
ser, en mi desnudez, poesía

1

Longing to be
a forest of words
I am, for an instant
in my nakedness, poetry

2

La verdadera palabra
es un brasero de luna
sobre nuestros cuerpos.

2

A true word
is the fire of the moon
touching our bodies

3

No es bueno
gritar
con los dientes tumbados
en la aguada boca
donde la degollada palabra
ensordece a la lengua
que intenta derramar una coma.

3

It's no good
to shout until
your teeth fall out of
your wet mouth
and hurtful words
silence the tongue.
When you need only a breath.

4

Morir
con una sola palabra
entre los labios
que corre por mi piel
transformando
la suavidad en porosidad
y las imágenes en cercanía.

4

I die
with a single word
between my lips,
which flowing over my skin
transforms smoothness into roughness.
Fantasies of you move closer.

5

Tampoco me servirán
los vidrios de tu jardín virtual
de tierra sin ojos
de mañanas sin hacer.

Frutos sangrando
contra la pared de agua
como piedra
gritando entre los dientes
la penúltima palabra.

5

An earth without eyes
a garden without glass
tears in the light before dawn.
None of these can serve me.

Bleeding fruits
on a wall of water
like a stone,
cry in the teeth of words unfinished.

6

Las palabras no sangran
solo nos aproximan al vómito
masticado por un sueño despreciado.
Las palabras no son agujeros
solo son lentos escalones
que nos abren los labios
del embudo de la cara.
Las palabras, en fin,
nos sirven de mesa
para poner el alma
sobre las manos.

6

Words cannot bleed
only approximate
the vomit chewed by a dream despaired.
Words are not holes
they are simply slow steps with which
we open our lips like a funnel in the mouth.
In the end,
words serve the table upon which
we put our souls in our hands.

7

La palabra es la silueta del pensamiento.

7

Our words are the
silhouettes of our thoughts.

CUERPOS

/

FLESH

1

Abro los labios
arrodillado
en la indefensa humedad
de su cuerpo
que sin tregua se retuerce
desnudo, seguro
sin límites.

1

I open my lips
kneeling before
the helpless humidity
of her body
ceaselessly contorting
naked, confident
boundless

2

El recuerdo de sus pechos
esparciéndose por mi boca
me distrae
de la blanca hoja
en la que les dedico
este poema.

2

Memories of her breasts
spreading in my mouth
distract me
from the poem
I write to her.

3

Arriba tu cuerpo
debajo el mío
prendidos
por fuera, por dentro
más cuerpo los cuerpos
los nuestros.

3

Your body above
mine below
attaching outside
attaching inside
combined
grander than apart.

4

Hacerte entre mis labios
en declaración de deseo
despacito
para darnos paso.

4

Consuming you with my lips
declares my desire
to take you slowly.

5

Por qué mi cuerpo late
cuando te recuerda, y
mis ojos no hacen más
que mirar al vacío
profundo
de esta soledad en compañía.

5

My body pulses with your memory,
my eyes open to nothing
but the emptiness
of this crowded room.

6

Aquella noche
nos lamíamos la carne
profunda
de manto en fiebre
jarabe agridulce
combustible frutado
de hembra con piel de hambre
poblada
de acordes que respiran
subterráneos
los calendarios anatómicos
de unos huesos
que se despluman
al deseo empedernido.

6

In a fever
we licked our flesh,
tasting deep inside the juices covering
the hunger of the woman,
breathing chords
of subterranean desire,
our bones fuel bittersweet fire.

That night.

7

Si la vida
me lo permitiera
tejería
una y mil veces
tu cuerpo con el mío
invulnerable, despojado
de todo recuerdo.

7

If our lives allowed
I'd weave a filament
one thousand and one times,
your body to mine
the past detached
invulnerable

8

El sol te recorre
como en una superposición
de estampas al desnudo, y
mis manos se van delineando
a tu figura indiferente
bajo la silueta de los sueños
que andan deliberados
por circuitos cóncavos y convexos.

8

The sun engraves
the outlines your nudity.
In my hands
your indifferent figure
undulates in the shadows
of my imagination.

9

Flotan
los cuerpos flotan
todos los cuerpos
uniformemente
flotan
sobre la infancia
sobre la sombra
flotan
sobre las negaciones
las envidias, los odios
las pasiones, las intrigas, y
sobre las mentiras arrinconadas
flotan
a la espera de otra mezquindad
derramada
bajo la última caricia
flotan.

9

Floating
bodies floating
all the bodies
uniformly
floating

Passing infancy
passing shadows
floating past denial
envy, hatred, passion, intrigue
past the lies uncovered.

Floating past the last hopes of bounty.

10

A Luis Cernuda

Imagina
en sus manos
la existencia
sin olvido, y
en sus ojos
la noche, el día
y el verdadero amor
justificado
en su cuerpo y espíritu.

10

To Luis Cernuda

Imagine
in the hands
an existence
without forgetting.
And in the eyes,
the night, the day
the truth of love
justified in body and spirit.

11

He vuelto descalzo
sin heridas
dejando atrás
los aires sombríos de la antigüedad.
El aire fresco ha vuelto a despertar
al verbo en la mitad de la noche.
Bajo la luna
mi cuerpo se escurre.

11

I return barefoot
without visible wounds
leaving behind the airy embrace of the past
cool midnight air awakens my body
beneath the moon,
I am pressed dry

PAISAJES

/

LANDS

1

Para que conozcan
los que van sin conocer
el destino
que colma
de soles, lluvias
y ausencias
con aroma a tierra
sobre los hombros
de este mundo excremencial,
escribo.

1

So that they know
those who go without knowing
their destiny overflowing
suns, rains,
odors of earth
atop the shoulders
of this shitty world,
I write.

2

De este suelo y de aquel
soy parte.
Mi lengua, mi sangre
y mi lento pulso
que cae sobre las mañanas
también son parte
de esta naturaleza
embriagada
que nos envuelve
a todos por igual
de lo visible e invisible
de lo justo e injusto
y de lo que aún no es.

2

I am a part of
this earth and that earth.
My tongue, my blood
the slow pulse of mornings
all consumed by nature drunk
enveloping equally
the visible, the invisible
the just, unjust
and that yet to come.

3

...y miro el fuego apenas encendido...
Saúl Ibargoyen Islas

Ya no quedan luces que encender
para mostrarle al mundo
las crujientes claridades de la realidad.

3

"… and I watch the barely burning fire…"
Scarcity, Saúl Ibargoyen Islas

There are no more lights to burn
to show to the world
the clear crack of reality.

4

Una hora
tan solo una hora
una hora más
y en los descuentos
pasa
la espera, la noche
la vida, las formas.

4

One hour.
only one hour
one hour more
in the counting of these hours
passes hope,
a night, a life,
incorporeal.

5

Cuando termina el amor
ya todo no importa
nada queda
todo es ajeno, lejano
ni sabor, ni viento
ni jinete, ni vuelo
ya no hay más instantes
cegados por las señas
de las llovidas estaciones.
Cuando termina el amor
ya todo no será como fue.

5

Love ends
nothing matters
nothing remains
alien, distant
without taste, movement
neither riding nor flying
not blinded by the signals
of time nor season
when love ends
nothing will be as it was.

6

Hoy es miércoles
otro miércoles más
que no te tengo, y
la angustia llega
hasta esta plaza reseca
de Valvanera.

Tu ausencia me destierra.

6

Today is Wednesday.
One more Wednesday
that I don't have you
and the anguish
reaches even this
arid plaza of Valvanera.
Your absence makes me alien.

7

Sombra y olvido
por los rincones
maltrechos de la esperanza.

7

Shadows and oblivion
batter at the
corners of hope

8

Carne negada
bajo la noche
naciente
hundiéndose vencida.

8

As night falls
your flesh rejects me.
I sink into defeat.

9

Cuentas
las noches que tu ventana
se abrió al otoño
reclamando hojas secas
en las calles
y en la oscuridad
se prolonga desnuda
la espera.

9

Counting the nights
at your window,
open to the autumn
claiming dry leaves
in the streets.
In this obscurity
the nakedness of hope
is prolonged.

10

Donde ya no queda nada
ha quedado intacta
la memoria
sobre cada rostro
bajo la luz del otoño.

10

Where nothing is left
what remains
is the intact memory
of every face seen
in the autumn light.

11

Un hombre con voz de piedra
se impone desafiante
al borde del muelle
que se amamanta de agonía
por el incierto camino acongojado
del desamparo.

11

The man with a voice of stone
imposes himself defiantly
at the edge of the breakwater.
He nurses his solitary agony
along an uncertain road.

12

Hojas
verdes amarillas rojas azules
hojas
opacas brillosas
silenciosas ruidosas
hojas
boscosas arenosas olorosas
hojas
sobre la luz sobre la sombra
sobre la silla sobre la mesa
hojas.

12

Leaves
green yellow red blue
leaves
opaque brilliant
silent noisy
leaves
fragrant grainy forests
leaves
on light on shadow
on chairs on tables
leaves

13

Es la calle es la primavera
o aquella estatua que parece solitaria
de ídolos secos marchitos adormecidos
dulcemente abrazados por la garganta
que se hace abrigo
de amantes callejeros pájaros palomas
que se aplastan caminan resguardan
de las sombras vivientes de la noche.

13

Is it the street
or is it the spring
is it that solitary statue
of old and sleepy idols
sweetly embracing the streets
of passing lovers, birds and beings
seeking refuge from the moving shadows of the
night

14

Junto al camino
se encienden los colores
de sus ojos negros
como un huracán
que navega por la noche solitaria
sobre las orillas misteriosas de los sueños.

14

She walks the street
igniting colors with
her black eyes
like a hurricane
blowing through a solitary night
at the edges of her mysterious dreams

15

Ha caído el día, y
mis ojos siguen abiertos
date cuenta,
estoy solo
llega la despedida, y
el cielo condena
los desiertos de mi borrachera
ya no hay tiempo
para marcha atrás
mañana estaré anudado
a una butaca de avión, y
mis noches ya no serán tus noches.
El amanecer es incierto.

15

Day breaks,
my eyes still open
see I am alone.
goodbye comes with the dawn
that condemns me to the
desert of my drunkenness.
now there is no turning back,
tomorrow I will be strapped
to the seat of a plane
and my nights will
not be your nights.
the day is uncertain.

16

Mudo, más mudo
que la soledad
cuando golpea los huesos
bebo a ciegas la transfiguración.
Bebo de las aguas peregrinas
de los amaneceres oscuros de agosto
los pasos,
toneladas de pasos
se van acercando
los escucho
oigo sus gritos.

16

Mute, more mute
than the loneliness
that beats at my bones,
blindly I drink
transfigured
by the dark searching waters
of an August dawn.
The footsteps,
the tons of heavy footsteps approaching...
I listen for them
I hear their shouting.

17

Viendo cómo muerden los ojos, en
la tristeza húmeda de los hombres
tiemblo
bajo un paisaje sin cielo.

17

Seeing how eyes grind
at the sad tears of men
I tremble
beneath a sky without heaven.

18

Todo tiempo es reflejo
de quietud
de movimiento
de infinito
anhelando alcanzarse a sí mismo.

18

All time reflects
stillness
movement
infinity
eager to catch it's Self

19

Llueve y la noche se inunda de miseria
techos naufragando sin casas
en la profundidad de la nada
interminable.
El desconsuelo seca mi boca

y Dios sigue de largo.

19

Raining, the night floods with misery
roofs without houses shipwrecked
upon the depths of endless nothingness.
Distress dries my mouth
and God moves on.

20

El amor
es ese maldito sentir
afrodisíaco
que nos hace querer

ser el otro.

20

Love
is that damned
aphrodisiacal feeling
that makes us
want to be
someone else.

21

Ayer tiré de mi piel
y fui descubriendo
los universos que me habitan.
Bajo ella
las longitudes invertebradas de la vida
me han dado el regalo
de estirar mis sueños
sobre mis heridas.

21

Yesterday I pulled at my skin
and discovered
the universes inhabiting me.
Beneath my skin
the liquid experiences of my life
afford me the gift
of my dreams,
which cover my wounds.

POSDATA

/

POSTSCRIPT

No creo
en el nombre del padre,
en la desesperanza,
en los labios resecos
al besar,
en la mirada íntima
que se confunde con una hoguera
en otro idioma.
Creo
en el nombre del hijo,
en la búsqueda cotidiana,
en el aplauso cerrado de los ciegos,
en el diálogo de los delfines,
y en vos,
que sacudís mis bosques
cuando rezás en mi cuerpo.

Not believing in
the name of the father
in hopelessness
in lips too dry to kiss,
in the intimate glance
that becomes confused with
fire in another language.

Believing in
the name of the son
in the everyday searching
in the applause that blinds one's eyes
in the dialog of dolphins
And in you,
who shakes my certainty
when you take over my body.